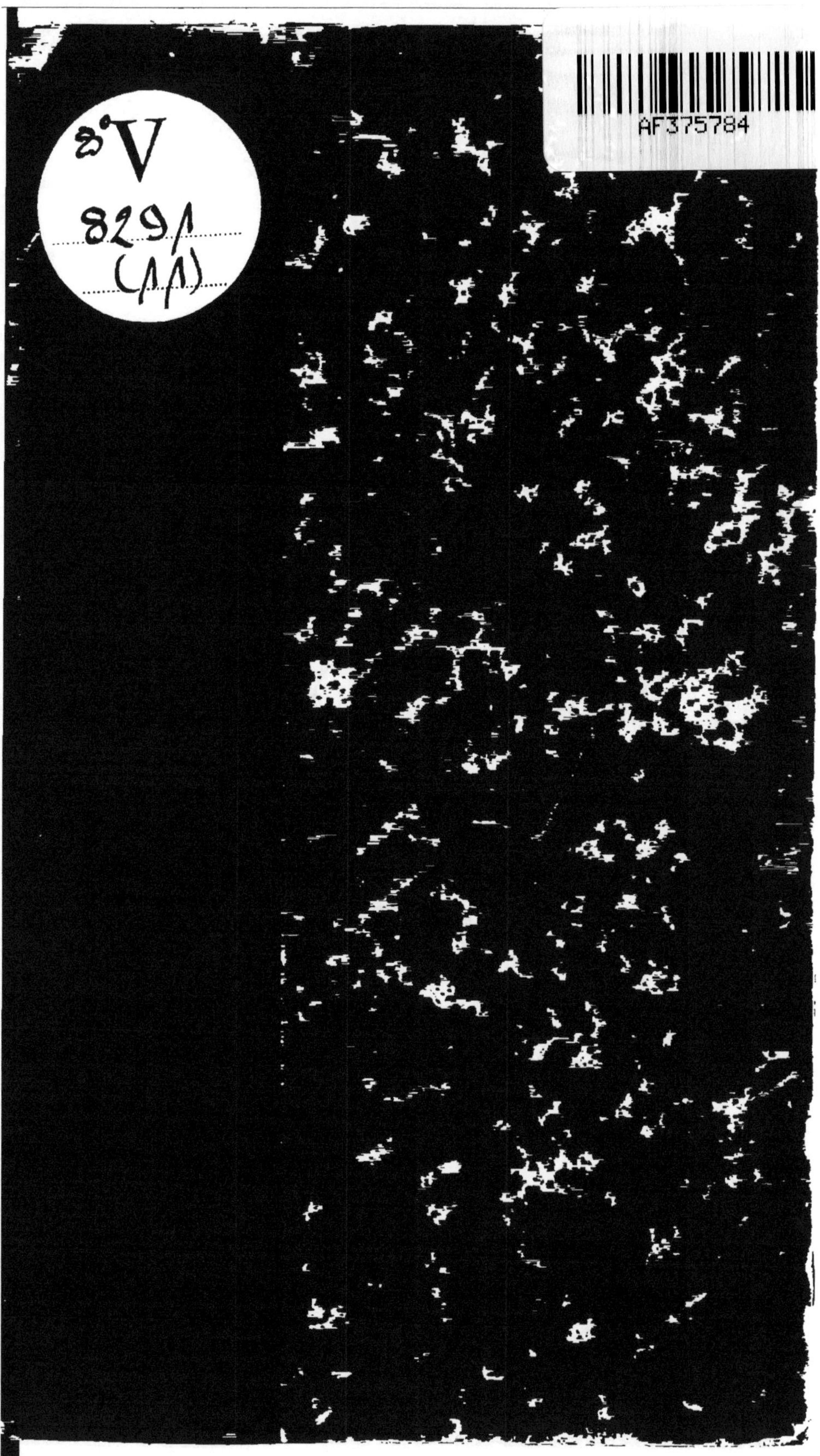

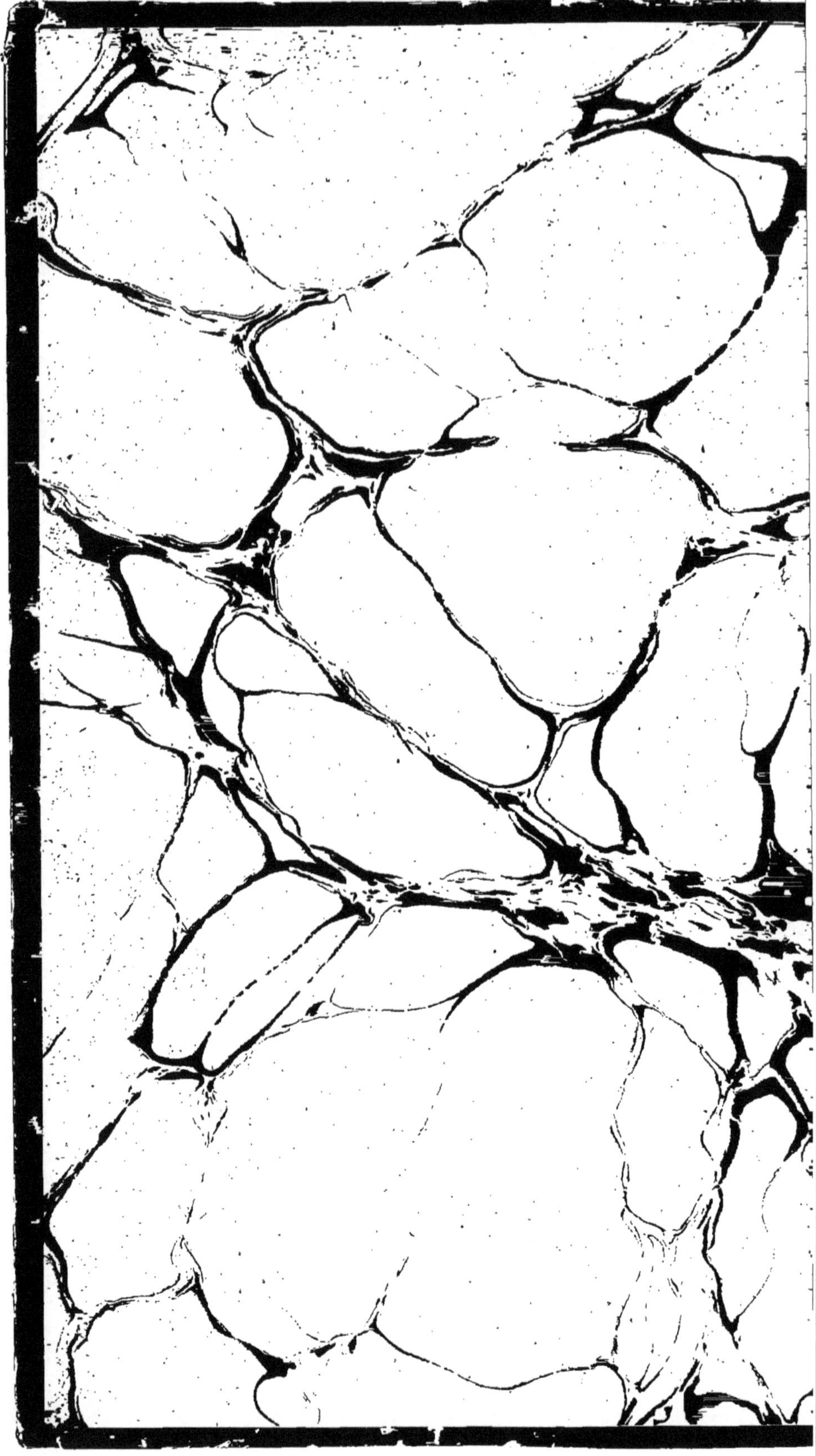

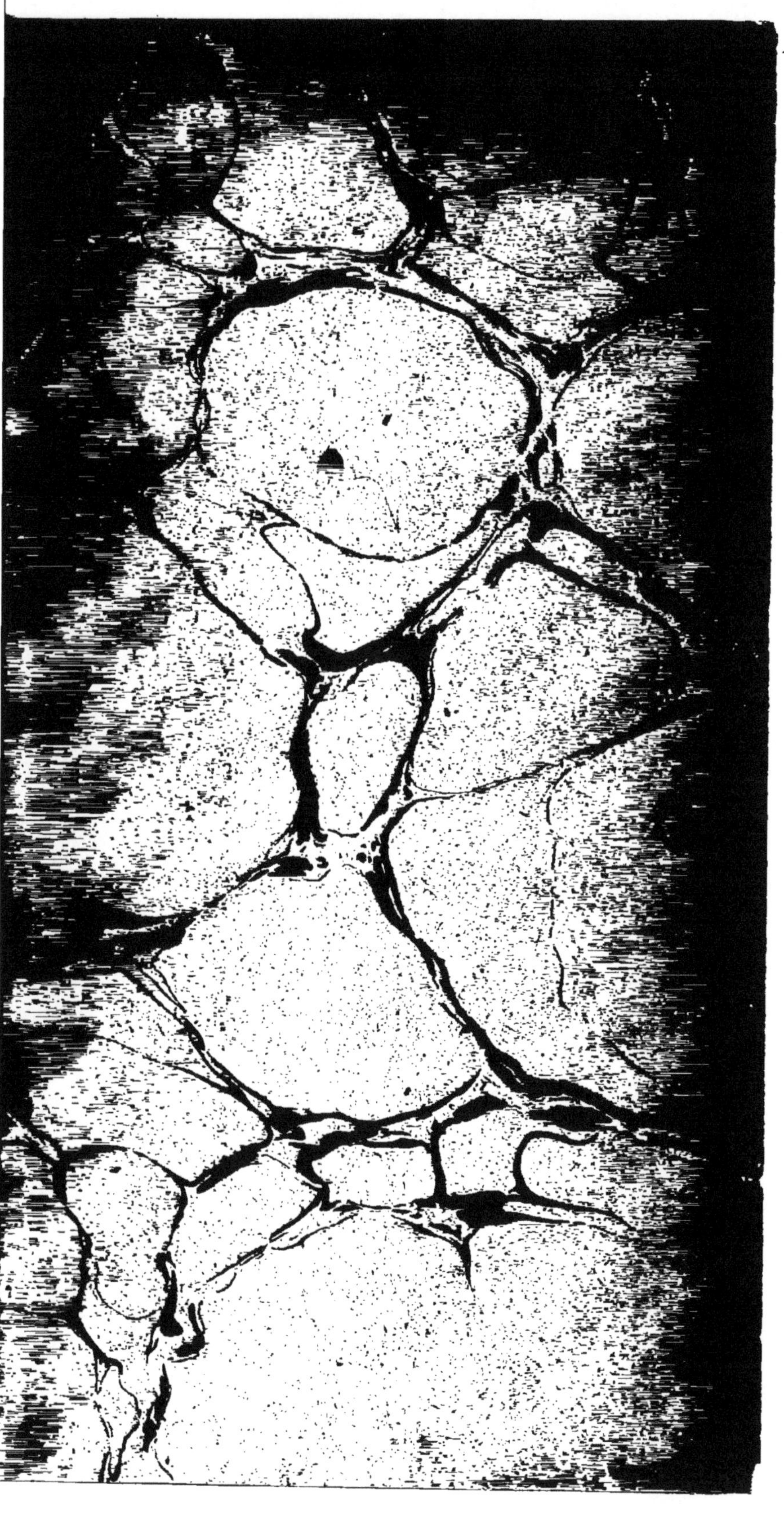

COLLECTION

DES

LIVRETS

DES

ANCIENNES EXPOSITIONS

DEPUIS 1673 JUSQU'EN 1800

SALON DE 1745

XI

PARIS

LIEPMANNSSOHN ET DUFOUR

ÉDITEURS

11, rue des Saints-Pères

—

JUILLET 1869

EXPOSITION

DE 1745

—

XI

COLLECTION

DES

LIVRETS

DES

ANCIENNES EXPOSITIONS

DEPUIS 1673 JUSQU'EN 1800

EXPOSITION DE 1745

.PARIS

LIEPMANNSSOHN ET DUFOUR

ÉDITEURS

11, rue des Saints-Pères

JUILLET 1869

NOMBRE DU TIRAGE

DU LIVRET DE 1745.

375 exemplaires sur papier vergé.
25   —   sur papier de Hollande.
10   —   sur chine.

Nᵒ

Ce livret est vendu seul 2 fr. 5o.

NOTICE BIBLIOGRAPHIQUE.

LIVRET :

Nous connaissons deux tirages différents; nous ver-
rons tout-à-l'heure qu'il en existe peut-être davantage. Contre l'habitude le livret le moins complet est
probablement le deuxième en date. On aurait supprimé
certains articles annoncés par les artistes, mais non
envoyés; et ce qui confirme cette opinion, c'est que
plusieurs numéros sont restés en blanc. Les différences
entre les deux tirages, sans être bien importantes,
sont assez nombreuses; nous allons les signaler page
par page. Nous nous sommes conformé presque par-
tout au texte de l'édition que nous croyons être la
première, comme plus complet, en corrigeant toutefois,
d'après la deuxième, certains mots qui sont évidem-
ment des erreurs typographiques.

A la fin de la description du tableau de M. Galloche
(p. 14, n° 1) la première édition après *le véritable auteur des Miracles* contient une parenthèse (*qui est*

Dieu), supprimée sur la deuxième; mais elle ne donne pas, comme celle-ci, la destination de ce Tableau.

Au Tableau de M. Natoire représentant l'entrée de l'évêque d'Orléans dans sa ville épiscopale (p. 17, n° 17) après les *saints Evangiles*, la première éd. contient ce membre de phrase : « *qu'ils n'ont détenu, ni détourné aucuns prisonniers criminels*, » qui n'existe plus sur l'autre.

Au n° 37, p. 20, le 1er tirage contient une erreur évidente corrigée sur le deuxième et qui prouverait à elle seule l'ordre des éditions; à la fin de l'article, au lieu de *il casseroit la jambe d'un homme*, il donne cette version : *il caresse la jambe d'un homme*, ce qui ne signifie rien.

Au n° 85 la 2e éd. a supprimé, sur la demande peut-être du modèle, une partie des qualités qui lui étaient attribuées à la première et que nous avons conservées; on ne trouve plus sur ce 2e tirage : *marchand de vin, ancien garde de sa communauté...*

Le n° 96 de notre réimpression ne se trouve qu'au 2° tirage. Aussi a-t-il été obligé de mettre l'article suivant sous le n° 96 *bis*. Ce portrait du duc de Chartres (96 *bis*) était numéroté 96 sur la première édition.

Les n°ˢ 125, 127 et 128, suivis de la description que nous donnons dans le premier tirage, ne sont plus accompagnés sur la deuxième édition d'aucune indication. Seulement au bas de la page se trouve cette note : *Les numeros* 125, 127 *et* 128 *n'y sont pas*. Evidemment cette édition est la dernière et l'absence des tableaux a fait supprimer la description. C'est pour ne pas changer toute la composition des dernières pages du livret qu'on a laissé ces numéros, mais devant une ligne en blanc.

Au n° 147 au lieu de « *l'Amour des Arts qui orne la Terre*, » la 2e édition porte : *qui enrichit*.

Le n° 162 manquait aussi probablement à l'Exposition ; car la description en est enlevée sur le 2e tirage;

la ligne reste en blanc, et au-dessous se trouve cette note : « *Ce dernier numero n'y est pas.* »

Le portrait gravé par M. Daullé par Rigaud (p. 35) est ainsi indiqué sur la 2ᶜ édition : « *Claudius de S. Simon, Episcopus,* etc. » sans les mots qui le précèdent sur notre réimpression, d'après le texte du 1ᵉʳ tirage.

M. Le Bas qui vient après (p. 35) n'est pas qualifié *Graveur du Cabinet du Roy,* sur la 1ᵉ édition; encore une preuve à l'appui de notre opinion.

Ces deux tirages différents ont l'un et l'autre 34 pages et 2 d'arrêt et de privilége, 174 nᵒˢ et un article additionnel consacré à Antoine Coypel. Les nᵒˢ 172 à 174, avec cet article de Coypel, ne viennent qu'après la mention du rédacteur du catalogue. Ils sont imprimés en plus petit texte sous la rubrique *Addition.* Toutes ces conditions réunies pourraient faire supposer l'existence d'une édition antérieure à celles que nous signalons, et sur laquelle cette *Addition* ne se trouverait pas. Mais nous n'avons pas trouvé d'exemplaire de ce premier tirage et nous sommes réduit à des conjectures très-douteuses.

On a pu déjà remarquer sur les livrets précédents que les œuvres des graveurs ne portent presque jamais de numéros. Cette observation s'applique à un nombre assez considérable de livrets du XVIIIᵉ siècle. Il était important de la signaler; nous n'y insisterons pas davantage.

CRITIQUES :

Le *Mercure de France,* numéro de septembre 1745, page 133 à 138.

EXPLICATION

DES PEINTURES,

SCULPTURES,

ET AUTRES OUVRAGES

DE MESSIEURS

DE L'ACADÉMIE ROYALE ;

Dont l'Expofition a été ordonnée, fuivant l'intention de SA MAJESTÉ, par M. ORRY, Miniftre d'État, Grand Tréforier-Commandeur des Ordres du Roy, Contrôleur General des Finances, Directeur General des Bâtimens, Jardins, Arts & Manufactures de S. M. & Protecteur de l'Académie ; dans le grand Salon du Louvre. Par les foins du Sieur Portail, Garde des Plans & Tableaux du Roy. A commencer le jour de S. Loüis 25. d'Aouft 1745. pour durer un mois.

A PARIS, RUE S. JACQUES

De l'Imprimerie de JACQUES-FRANÇOIS COLLOMBAT, I. Imprimeur du Roy, de la Maifon de SA MAJESTÉ, & de l'Académie Royale de Peinture & de Sculpture.

M. DCC. XLV.

AVEC PRIVILÉGE DU ROY.

XI.   1*

AVERTISSEMENT.

Comme l'Expofition fe fait dans un grand Salon quarré, & que l'on a été obligé, pour garder quelque ordre & fymétrie, de placer de côté & d'autre les Ouvrages d'un même Auteur, l'on a eu attention dans cette Defcription, de défigner la hauteur & largeur de tous les Tableaux de grandeur extraordinaire ; & à l'égard des autres dont les formes font moyennes & petites, on ne pourra manquer de les recon-

noître, ayant le Livre à la main, & de les trouver par le rapport des Numeros qui ſe trouvent ſur chaque ſujet de Peinture & de Sculpture.

Comme l'impreſſion de ce petit Ouvrage ne ſe donnoit les années précedentes, qu'après tout l'arrangement des Tableaux, dont les Places étoient indiquées, l'on s'eſt apperçû que le Public s'impatientoit extrémement pendant les premiers jours qu'il attendoit cette Explication. C'eſt pourquoy on a jugé à propos, pour ſa ſatisfaction, d'y énoncer des Numeros qui ſe rapportent exactement à chaque ſujet, leſquels, ſans être de ſuite, ſe pourront trouver aiſément. Par ce moyen on joüira de cette Deſcription preſqu'à l'ouverture du Salon.

EXPLICATION

*Des Peintures, Sculptures, & autres
Ouvrages de Meffieurs de l'Académie
Royale.*

Rien n'eft fi capable d'exciter l'émulation parmi les
Arts, & d'éveiller, pour ainfi dire, les talens, que
les Expofitions publiques : où la vérité débarraffée des
égards dûs à la fociété civile, difpenfe avec liberté la
loüange & la cenfure, & fait appréhender aux plus
fameux Artiftes la févérité de fes jugemens. Telle a été
auffi l'intention de Sa Majesté, & les vûës du Miniftre.
Le fuccès a répondu à un projet fi jufte & fi beau.
Chaque Académicien, animé par la gloire, s'eft
efforcé de foutenir la fupériorité prefente de l'Ecole
Françoife fur toutes celles de l'Europe, & les Etran-

gers ont paru en faire un aveu flateur, par le plaifir qu'ils ont pris à ces differentes Fêtes.

Celle-ci ne fera point inférieure aux autres ; puisqu'indépendamment des Ouvrages pour le Roy, le Public y verra auffi ceux q'il a fait faire, ou qui lui font deftinez. Ce mêlange qui réünit la Peinture, la Sculpture & la Gravûre, paroîtra aux yeux des vrais Connoiffeurs, comme un Parterre agréable, dirigé par le goût, & cultivé par les Mufes.

Par M. *Galloche*, Adjoint à Recteur.

1. Un Tableau ceintré en hauteur de près d'onze pieds fur 6 de large, repréfentant S. Nicolas Evêque de Myre, que des Matelots & Voyageurs viennent remercier de ce qu'il les avoit délivrez d'une effroyable tempête. Ils avoient invoqué le Saint dans le danger ; il leur étoit apparu, & ayant pris à la vûë de tous le gouvernail, il avoit conduit le Vaiffeau à bon Port. Ces Voyageurs en reconnoiffance du fignalé bienfait (& voici le moment que l'on a pris) fe profternent à fes pieds pour luy rendre des hommages, que fon humilité auffi grande que fa charité refufe, comme on le voit par l'action de la main droite, pendant que de la gauche, pour annoncer le veritable Auteur des miracles (qui eft Dieu), il leur montre le Ciel. Ce Tableau eft pour l'Eglife de S. Loüis du Louvre.

Par M. *Tourniere*, ancien Profeffeur.

2. Un Tableau repréfentant M. le Maréchal de Puyfegur, peint jufqu'aux genoux.

3. Autre de même grandeur, repréſentant M^e de ***.

4. Un petit Tableau en hauteur de 2 pieds ſur 18 pouces, repréſentant une Dame ayant ſon Fils auprès d'elle.

5. Autre plus petit, repréſentant une Prêtreſſe dans le Temple de Veſta.

6. Autre de même grandeur. Une Dame déguiſée en Payſanne, & ſon Fils badinant avec un Perroquet.

Par M. *Reſtout*, Profeſſeur.

7. Un grand Tableau pour le Roy, en largeur d'environ 18 pieds ſur 11 de haut, repréſentant Venus qui exauce la priere de Pigmalion, qui avoit fait un voyage dans l'Iſle de Cypre, pour demander à Venus qu'il animât la Statuë qu'il avoit faite, & dont il étoit éperduëment amoureux : le Peintre a pris le moment où cette Déeſſe l'anime. La Métamorphoſe ſe fait connoître par la partie ſupérieure de la Figure qui devient chair, & par l'inférieure qui eſt encore de marbre. A cette vûë, Pigmalion, étant ſaiſi d'etonnement, d'impatience & de joye, court la recevoir entre ſes bras de deſſus le piedeſtal où il l'avoit faite, auprès duquel ſont deux Amours, dont l'un va décocher une Fléche pour la rendre ſenſible à l'amour de celui qui l'a formée; l'autre lui fait remarquer que l'inſtant de la bleſſer eſt arrivé. Les Graces, les Colombes, le Char qui ſont tenuës par des Amours, ſont les Attributs de Venus. Au haut du Tableau eſt une danſe d'Amours, qui viennent célébrer les tranſports d'allégreſſe des deux

Amans. Dans l'enfoncement, on voit une Ecole de Sculpture, dans laquelle un Eléve travaille à une Statuë de Mercure. Les Richesses que Pigmalion offroit à sa Statuë (comme il est marqué dans la Fable) sont parsemées sur le Plancher, telles que sont des Etoffes, des Perles, Coquilles & autres bijoux, qui servent à l'ornement & à la parure des Femmes. Fab. 8. Métamorph. liv. 10.

8. Un Tableau en hauteur de 9 pieds sur 6 de large, représentant S. Pellerin ou Peregrin, prêchant l'Evangile aux habitans d'Auxerre, qui étoient pour lors Idolâtres.

9. Autre de même grandeur, représentant l'Assomption de la Sainte Vierge. Ces deux Tableaux sont pour la Cathédrale d'Auxerre.

10. Un Tableau en hauteur de 9 pieds sur 7 de large, représentant la Nativité de la Sainte Vierge. Pour le Séminaire de S. Sulpice.

11. Un Tableau en hauteur de près de 8 pieds sur plus de 4 de large, représentant J. C. glorifié après son Baptême, suivant l'Evangile de S. Matthieu, chap. 3. v. 16. Or Jésus ayant été baptisé, &c. On voit par le v. 33. & 34. du premier chap. de S. Jean, que Jean-Baptiste adora J. C. dans le moment que le S. Esprit descendit sur lui.

12. Un petit Tableau, représentant saint François en méditation.

Par M. *Carlo Van-Loo*, Professeur.

13. Un grand Tableau en largeur de 22 pieds sur 12 de haut, représentant Thesée, qui après avoir

vaincu le Taureau de Maraton, l'amene au Temple
d'Apollon pour le faire facrifier.

Trois Tableaux, deffus de Porte en hauteur de 8
pieds fur 4, pour la Bibliothéque du Roy.

14. Le premier, la Poëfie amoureufe.

15. Le fecond, l'inventrice de la Flûte.

16. Le 3. Les trois Protecteurs des Mufes.

Par M. *Natoire*, Profeffeur.

17. Un Tableau en largeur de 16 pieds, repréfentant
l'entrée de M. de Paris, Evêque d'Orleans, porté par
quatre Barons, & repofé à l'ancienne Porte de Bour-
gogne de ladite Ville, où après avoir été complimenté
par fon Official, les Juges Royaux & fon Bailly de
l'Evêché, fur fon heureufe entrée, les mêmes Juges
luy préfentent tous les criminels aufquels il a accordé
grâce, & lui prêtent enfuite ferment, en affirmant, la
main fur les Saints Evangiles, qu'ils n'ont détenu ni
détourné aucuns prifonniers criminels, & de n'avoir
avancé ni procès, ni jugemens, ni execution d'aucuns
autres criminels, pour les empêcher d'obtenir leur
grace.

18. Autre en hauteur de 7 pieds, repréfentant
S. Etienne entraîné au Confeil devant les Docteurs,
qui produifent des faux témoins contre lui, & excitent
l'émotion des Sénateurs, des Scribes, & du Peuple.

Trois Tableaux en hauteur de 8 pieds,
pour la Bibliothéque du Roy.

19. Le premier repréfente Thalie, Mufe de la
Comédie.

20. Le fecond, Terpficore, qui caractérife la danfe.

21. Le troifiéme, Calliope; cette Mufe préfide à l'Hiftoire.

22. Un deffus de Porte chantourné, repréfentant l'éducation de l'Amour.

23. Son Pendant; l'éducation de Bacchus.

24. Autre Tableau, repréfentant Jupiter changé en Diane, pour furprendre Califto.

Par M. *Collin de Vermont*, Profeffeur.

25. Un Tableau d'environ 4 pieds, dont voici le fujet. Oxiartes, Satrape de Darius, ayant invité Alexandre à un feftin, auquel il avoit fait venir Roxane fa fille, avec quelques Compagnes, ce Prince en devint amoureux; & fans s'arrêter à la difproportion des conditions, l'époufe fur le champ, ordonnant qu'on apporte du pain que l'on coupoit en deux, fuivant la coutume des Macédoniens, & dont les nouveaux mariez prenoient chacun un morceau. Les conviez, les uns par flaterie, applaudiffent à fa paffion, les autres cachent moins leur mécontentement de voir leur Roy dans une débauche, prendre pour fon beau-pere un de fes Efclaves; Oxiartes ravi d'un bonheur fi inefperé, en excite la conclufion de tout fon pouvoir.

Par M. *Jeaurat*, Profeffeur.

Quatre Tableaux peints pour le Roy, en largeur de trois pieds, fur environ pareille hauteur, repréfentant les Amours Paftorales de Daphnis & Chloé.

26. Le premier eft le fommeil de Chloé.

27. Le fecond, Chloé qui fe baigne dans la Caverne des Nymphes.

28. Le troifiéme, Lycœnion caché, qui écoute Daphnis & Chloé.

29. Le quatriéme, Chloé qui couronne Daphnis de Violettes.

Trois autres petits Tableaux.

30. Le premier repréfente l'Accouchée.

31. Le fecond, la Relevée.

32. Le troifiéme, le Gouteux.

Par M. *Oudry*, Profeffeur.

33. Un Tableau en largeur de 5 pieds fur 4 de haut, appartenant à M. de la Bruiere; il repréfente un Vafe rempli de fleurs, & entr'autres des Jacintes que le Roy a fait venir d'Hollande. A côté dudit Vafe paroît un coin de planches de Tulipes, peintes d'après celles du Jardin du Sieur de la Bruiere, ainfi que les autres Fleurs.

34. Autre, repréfentant un Renard fur une Perdrix.

35. Son Pendant; un Chien barbet qui fe jette fur un Canard. Ces deux Tableaux appartiennent à M. Germain, Orfévre du Roy.

36. Un Tableau de 5 pieds fur 4 de large, repréfentant une Gruë morte, attachée par les pattes à un Arbre.

37. Autre de même grandeur, repréfentant un Cazuel, ou Cazuer, ainfi nommé par les Hollandois. Cet Oifeau eft extrêmement rare, il vient de l'Ifle de Benda, & n'a ni langue, ni queuë, ni aîles; il avale indifferem-

ment tout ce qu'on lui donne, même jufqu'aux char-bons les plus ardens; il cafferoit la jambe d'un homme avec fa .patte.

38. Autre de même grandeur, repréfentant trois Oi-feaux, fçavoir l'Oifeau Royal, le Gonafale, & une De-moifelle. Ces trois Tableaux font peints pour le Roy.

39. Autre Tableau d'après nature, repréfentant un enfoncement du Bois dans la forêt de S. Germain.

40. Autre de même grandeur, repréfentant le réflechiffement de l'Aqueduc d'Arcuëil dans l'eau.

Trois Payfages au Paftel.

41. L'entrée de la Ville de Beauvais.

42. La vûē de Poiffy, du bord de la Forêt S. Germain.

43. La vûë d'un petit Pont.

Par M. *Adam l'aîné*, Profeffeur.

44. Un Bufte en marbre du Portrait du Roy, repré-fenté en Apollon, couronné de Lauriers; fait d'après Sa Majesté. Ce Bufte appartient à l'Auteur.

45. Un Modéle en plâtre de 2 pieds de haut, repré-fentant S. Jerôme tranfporté de l'amour de Dieu, en difpofition de coucher par écrit les penfées divines qui luy font infpirées, lequel par la force de fes Ecrits, & fes vertus perfonnelles, terraffe Satan déchaîné contre luy (figure des Ariens). Cette Statuē doit être executée en marbre de 7 pieds & demi de proportion, & placée dans la Niche de la Chapelle dudit Saint, dans le Dôme de l'Hôtel Royal des Invalides.

46. Un petit Groupe Efquiſſe de terre cuite, repréfentant Apelles peignant la maîtreſſe d'Alexandre, lequel fait Pendant au Groupe de Pygmalion Sculpteur,
qui parut au dernier Salon.

Par M. *Le Moyne fils*, Profeſſeur.

47. Un Buſte en marbre blanc, repréſentant le Portrait du Roy.

Par M. *Couſlou le fils*, Adjoint à Profeſſeur.

48. Un Groupe en terre cuite, repréſentant le Dieu
Pan, qui enſeigne à joüer de la Flûte à Apollon.

Par M. *Parrocel*, Adjoint à Profeſſeur.

49. Un Tableau en largeur d'environ 2 pieds &
demi, repréſentant une bataille de Cuiraſſiers, Cavalerie.

50. Deux petits Tableaux quarrez fous le même Numero, l'un repréſentant un coup de Tonnerre; &
l'autre, un Repos.

51. Deux autres, auſſi fous le même Numero, repréfentant l'un une Chaſſe du Tigre; l'autre, celle du
Lion; le premier appartenant à M. le Duc de Luynes.

52. Autre plus petit, repréſentant une Garde de
Barriere.

53. Son Pendant; une petite marche d'Infanterie.

54. Deux autres en largeur, fous le même Numero,
l'un repréſente un Efpion que l'on améne au General;
l'autre, une Attaque.

55. L'Efquiffe d'un Tableau, que l'Auteur a executé en grand, pour le Buffet de la Salle à manger du Roy à Fontainebleau. Cette Efquiffe appartient à M. de la Tour.

56. Un Deffein fous verre, repréfentant l'Europe, fous l'Emblême d'une Chaffe de Sanglier.

57. Autre faifant Pendant. L'Afrique, fous l'Emblême de la Chaffe au Lion.

58. Deux petits Tableaux fous le même Numero, l'un repréfente un Repos de Cavalerie; l'autre un Camp de Gardes Suiffes; appartenant à M. de Jullienne.

59. Le Deffein d'une Bataille; appartenant à M. Mariette.

60. Autre plus grand, deffiné au crayon rouge, repréfentant une Bataille.

61. Un Tableau, repréfentant une rencontre de Cavalerie; appartenant à M. le Comte de Caylus.

Par M. *Pierre*, Ecuyer, Adjoint à Profeffeur.

62. Un grand Tableau en largeur de 11 pieds fur 8 de haut, repréfentant la Nativité de Notre Seigneur.

63. Autre de même grandeur; S. Pierre guériffant les malades de fon ombre.

64. Autre de 7 pieds fur 5 & demi; le martyre de S. Etienne.

65. Autre de 4 pieds fur 3, repréfentant une Marmotte, avec plufieurs Enfans.

66. Une Bambochade, repréfentant une Ferme.

67. Autre faifant Pendant. Un Marché à la porte de Tivoly.

68. Autre, repréfentant une Danfe champêtre; appartenant à M. Couftou le fils.

69. Un fujet de Soldats.

70, Un Vieux, & une jeune Femme.

71. Un petit Tableau, repréfentant Jupiter & Io.

72. Son Pendant; Vertumne & Pomone. Ces deux Tableaux peints pour le Roy.

Par M. *Bouchardon*, Adjoint à Profeffeur.

73. Modéle du Maufolée de S. E. M. le Cardinal de Fleury, qui ayant été approuvé par SA MAJESTÉ, s'execute en marbre, fous les ordres de M. le Contrôleur General; pour être placé dans l'Eglife de S. Loüis du Louvre.

M. le Cardinal de Fleury couché entre les bras de la Religion, & foutenu par cette Vertu, qui fut toujours l'objet de fes foins, eft repréfenté expirant. Sa vûë dirigée vers le Ciel, fes bras étendus; toute fon attitude marque une entiere réfignation à la volonté de Dieu, & une confiance fans bornes en fa miféricorde. Un fpeftacle fi touchant, le fouvenir d'une longue & paifible adminiftration, excitent les juftes regrets du Génie de la France, & lui font répandre des larmes, dont il arrofe le pied de la colonne funeraire, qui porte l'Urne deftinée à renfermer les cendres de fon Eminence. Ce Groupe de Figures eft pofé fur un Stylobate ceintré par le Plan, & élevé de 5 pieds au-deffus du niveau du pavé de l'Eglife, & il occupe tout le fond d'une Arcade, qui fait partie de la décoration du lieu où ce Maufolée doit être placé.

Par M. *Tocqué*, Confeiller de l'Académie.

74. Un Tableau, repréfentant le Portrait de M. Beffay, en Robe de Chambre, tenant un Livre de Neuton : fur la table eft une Cuiraffe, qui défigne qu'il a été Militaire.

75. Autre de Mademoifelle *** en coëffe, tenant d'une main fon Mantelet.

76. Autre, de Mademoifelle Bourdon la jeune, tenant une Fléche.

77. Autre de M. fon Frere, affis par terre près d'un treillage, joüant avec des Colimaçons.

78. Un Bufte de Mademoifelle Piou, avec une Rofe devant elle.

79. Autre, repréfentant M. de Livry le pere.

Par M. *Aved*, Confeiller de l'Académie.

80. Un grand Portrait, repréfentant M. le Maréchal de Maillebois, vêtu en habit de Bataille, & en Cuiraffe.

81. Celui de M. de *** dans fon Cabinet, appuyé fur un Bureau, tenant une Brochure; vêtu de velours noir.

82. Le Portrait de M. Poiffon de la Chabeaufiere, Avocat au Parlement.

OUVRAGES

de *Meffieurs les Académiciens.*

Par M. *Jouvenet.*

83. Le Portrait de M. de la Borde Avocat en Parlement, en habit de velours pourpre.

84. M. de Laflre Procureur au Châtelet, en Robe noire.

85. M. Maubert, Marchand de Vin, ancien Garde de fa communauté, Maréchal des Logis de la Reine; repréfenté en Robe, ayant des Bourfes fur fon Bureau.

Par M. *Maffe.*

86. Un Tableau en largeur de 4 pieds fur 3, repréfentant Hercule qui confie Déjanire au Centaure Neffe, pour paffer le Fleuve.

87. Autre ceintré par le haut, repréfentant une fête de Bacchus.

Par M. *Allegrain.*

88. Un petit Payfage, où l'on voit fur le devant un Berger épouvanté par des Chaffeurs.

Par M. *Courtin.*

89. Un petit Tableau, repréfentant Angélique & Médor.

90. Autre de pareille grandeur : une Prêtreffe de Venus, careffant une Tourterelle.

91. Autre. Mercure qui endort Argus.

92. Autre. Un jeune homme qui répand des Fleurs fur la gorge d'une Femme.

93. Autre. Une Vierge, & l'Enfant Jefus.

94. Autre. La Préfentation de N. S. au Temple.

95. Une Tête de S. Pierre.

Par M. *Nattier.*

96. Marie-Adélaïde de France, repréfentée en Diane.

96 *bis.* Un Portrait, repréfentant M. le Duc de Chartres, peint en Guerrier.

97. Celui de Madame la Ducheffe de Chartres, repréfentée en Hebé Déeffe de la Jeuneffe.

98. Autre de Madame la Ducheffe de Chaulnes, auffi en Hebé.

99. Un Tableau chantourné, repréfentant la Force.

100. Un Bufte de M. le Grand Prieur.

101. Le Portrait de Madame la Marquife du Châtelet, tenant le Livre de l'Inftitution Phyfique qu'elle a compofé.

Par M. *De La Joue.*

102. Un petit Tableau de Cabinet, repréfentant un Salon de marbre, orné de figures Turques; & dans le fond une vûë de Jardin en Perfpective.

103. Son Pendant. Un morceau d'Architecture orné de figures à la françoife; des Cafcades & du Payfage.

104. Autre, repréfentant plufieurs Tombeaux des Anciens, ornez de Bas-reliefs & Médaillons.

Par M. *de Lettre.*

105. Un Tableau en largeur de 4 pieds fur 3, repréfentant Erafiftrate Medecin, qui découvre par le mouvement impétueux du poulx d'Antiochus Soter, fils du Roy Seleücus, l'amour qu'il avoit pour Stratonice fa Belle-mere.

106. Autre. Thétis vifitant le Tombeau d'Achille.

107. Autre, des Vivandieres au Camp.

Par M. *Huilliot.*

108. Un Tableau en largeur de 4 pieds & demi fur 3 de haut, repréfentant la Generofité fous l'Emblême du Lion, tiré de la 25. Fable d'Efope. Le Lion fe repofant avec fa Femelle près de leur Grotte, un Rat paffant piqua la queuë de la Lionne qui voulut l'écrafer; le Lion la pria de lui donner fa liberté. Le fond du Tableau eft enrichi d'un Payfage convenable au fujet.

109. Son Pendant repréfente la Vigilance, défignée par un Coq, à côté l'Oifeau Royal, au-deffous eft un Canard mufqué; tout auprès font deux Poules Pintardes; un Canard d'Efpagne & une Poule françoife becquetant des Volubilis fur un vafe de Porphire : dans le fond un Payfage. Ces deux Tableaux appartiennent à M.***.

110. Autre plus petit, repréfentant les 4 Elémens; l'Air, défigné par le Paon, & fa Femelle le careffant. La Terre, par une Corbeille de Fleurs choifies, pofée fur un appuy de marbre brêche grife, fur laquelle eft une branche d'Abricot, Prunes de Reine Claude & Damas : derriere font des feps de Vigne d'Italie; fur le devant font des Melons, Pavis, & autres Fruits. Le Feu repréfenté dans l'éloignement, par le Mont-Véfuve jettant des flâmes. Et l'Eau, par un boüillonnement qui forme une Nape d'eau fur une Cuvette de Porphyre, portée par des Nayades de marbre blanc : fur le fond du Baffin font deux Pigeons.

111. Autre plus petit, où fur une Table font des Abricots, un Cochon d'Inde mangeant du Raifin, une Coupe derriere contenant quelques Pavis.

Par M. *Geuflain*.

112. M. de Chazeron Lieutenant General, peint en Armure.

113. M. de Zurlauben Colonel des Gardes Suiffes, & Maréchal de Camp, en Armure, avec le grand Cordon de S. Loüis.

114. M. de Villemur Fermier General en habit de velours petit gris.

Par M. *de Lyen*.

115. Un Tableau hiftorié, repréfentant le Portrait de l'Auteur, peint par lui-même, en hauteur de 5 pieds fur 4 de large.

116. Autre plus petit, repréfentant un Bûveur fous une Treille.

Par M. *Drouais*.

117. Un Cadre, contenant divers Portraits en miniature, fous une même Glace.

Par M. *Francifque Milet*.

118. Un grand Payfage, où eft repréfenté un Huffard, qui (bour badiner) femble vouloir emmener une Femme d'avec fa compagnie.

119. Autre plus petit, où font des Figures dans un

chemin, dont l'une préfente des Fleurs dans une Corbeille; des Vaches paroiffent fur une Terraffe.

120. Autre de même forme, où une Femme montre
le chemin à une autre.

121. Autre repréfentant une converfation, & des
Animaux.

122. Autre de même forme, orné auffi de Figures
& d'Animaux; & fur le devant, une Femme à Cheval.

123. Autre Payfage plus grand avec des Figures &
des Animaux.

124. Autre de même grandeur, rempli de Figures
& d'Animaux; & fur le devant, un Groupe de
Voyageurs.

125. Un Portrait de M. Soubain, Avocat en Parlement, Profeffeur aux belles Lettres.

126. Autre Portrait au Paftel, de M. Godonnefche,
ordinaire de la Mufique du Roy.

127. Une Tête au Paftel, repréfentant un Vieillard,
d'après nature.

128. Autre tête au Paftel, repréfentant un S. Paul,
auffi d'après nature.

Par M. *Delobel*.

129. Un Tableau repréfentant le Portrait de M. l'Abbé
de Forte, Ecuyer, Maître de Chapelle de feu S. A. R.
M. le Regent.

130. Autre de M. l'Abbé de la Grive, Géographe de
la Ville : De la Société Royale de Londres, tenant un
Plan.

131. Autre de M. Barbier, Préfident de l'Election de
Vitry le François, en Robe.

132. Autre. M. Mondon Cizeleur.

Par M. *Boiſot.*

133. Un Tableau de 3 pieds ſur 2, repréſentant les regrets d'Apollon, ſur la mort d'Hyacinthe.

134. Autre de même grandeur, repréſentant Venus & Adonis.

Par M. *Poitreau.*

135. Un Tableau en largeur d'11 pieds ſur environ 6 de haut, repréſentant une Fête champêtre auprès d'une Fontaine. On y voit dans l'éloignement un Château, & ſur le devant des Joüeurs d'Inſtrumens, une Danſe, & pluſieurs Groupes de Figures differemment occupez du plaiſir d'être dans cet agréable ſéjour.

136. Autre en largeur de 3 pieds & demi de haut ſur 2, repréſentant un Payſage dans lequel on voit un Moulin, & une Bergere qui garde ſon Troupeau.

Par M. *Chaſtelain.*

Quatre Tableaux.

137. Le premier repréſente un Port de Mer.

138. Le ſecond, un Soleil.

139. Le troiſiéme, un Clair de Lune.

140. Le quatrième, un Hyver.

Par M. *Autereau.*

141. Un Tableau en hauteur de 5 pieds ſur 4, repréſentant le Portrait de M. l'Archevêque de Sens.

142. Autre, repréfentant M. Bergeron le fils, joüant de la Vielle.

143. Autre, d'un Religieux de l'Ordre des Petits Auguftins.

144. Autre, de M. de la Motte Chirurgien.

Par M. *Vinache.*

145. Un Modéle en terre d'un Groupe, repréfentant le Zèle qui foudroye l'Idolâtrie. Le Zéle eft repréfenté par un jeune Homme affis fur des Nuës, ayant des Aîles, & une Flâme fur la tête; il tient de la main gauche le Livre de l'Evangile, & de la main droite il lance un foudre fur l'Idolâtrie, qu'il foule aux pieds : Le morceau d'Architecture marque les débris des Temples de l'Idolâtrie.

L'Idolâtrie eft repréfentée par un Homme robufte, ayant un poing fermé, comme pour menacer celui qui le terraffe : il a la main droite fur les débris d'une Idole *, dans l'action de vouloir préferver ce veftige des foudres qui lui font lancées : l'Encenfoir que le jeune Homme foule auffi aux pieds, eft un des Attributs de l'Idolâtrie. Ce Modéle a environ 18 pouces de proportion; il eft executé en grand, & pofé dans l'Eglife des RR. PP. Jefuites, ruë S. Antoine.

146 *bis.* Deux Têtes moulées dudit Groupe en grand, fous le même Numero.

147. Une Efquiffe d'un Groupe de terre d'environ 17. pouces de proportion, repréfentant l'Amour des Arts qui orne la Terre.

---

* On obfervera que cette Idole eft des Indes.

148. Une Figure en pied de plâtre, moulée d'environ 18 pouces, repréfentant Flore.

Par M. *Nonnotte.*

Sept Tableaux.

149. Le 1. M. de *** Confeiller à la Cour des Monnoyes de Lyon, peint en Robe rouge, tenant un Livre ouvert.

150. Le 2. M. de *** Lieutenant Colonel de Cavalerie, peint en Cuiraffe.

151. Le 3. Une Tête, repréfentant Madame le Moyne, Epoufe de M. le Moyne, Sculpteur du Roy & Adjoint à Recteur en fon Académie de Peinture & Sculpture.

152. Le 4. Madame de *** appuyée fur une Table de Toilette, tenant une Brochure.

153. Le 5. M. Daullé Graveur du Roy, & de l'Académie Royale de Peinture & Sculpture.

154. Le 6. Madame de *** joüant de la Vielle.

155. Le 7. Une Tête, repréfentant M. Gilquin Peintre.

Par M. *Ladey.*

156. Un Tableau repréfentant une Corbeille de Fleurs, d'après nature, fur le devant d'un Jardin où paroît de l'Architecture.

Par M. *Slodtz.*

157. Le Modéle d'un Ange, de bas relief en plâtre,

pour être executé de la proportion de 6 pieds, en pierre.

Par M. *Frontier*.

158. Un grand Tableau en hauteur de près de 10 pieds fur 5 de large, repréfentant la Nativité de Notre Seigneur; deftiné pour la Chartreufe de Lyon.

Par M. *Pigalle*.

159. Un Chrift en Croix, de plâtre, de grandeur naturelle, executé en plomb; pour le Couvent de la Madelaine de Traifnel.

160. Une Vierge tenant l'Enfant Jefus, auffi en plâtre, pour executer en marbre, de 6 pieds & demi de proportion, & être placée à la Chapelle de la Vierge, à l'Hôtel Royal des Invalides.

161. Une Tête en plâtre de la Statuë de Mercure, que l'Auteur a executé en marbre, de 7 pieds de proportion, pour le Roy.

162. Le Portrait en terre cuite, de l'Epoufe de M. Boizot, Peintre ordinaire du Roy en fon Académie de Peinture & Sculpture.

OUVRAGES AU BURIN

de Meffieurs les Graveurs de l'Académie.

Par M. *Lépicié*, Sécretaire & Hiftoriographe
de l'Académie.

L'Accouchée, d'après M. *Jeaurat*.

La Vieilleſſe, d'après le même.
Le *Benedicite*, d'après M. *Chardin*.
Le Souffleur d'après le même.

Par M. *Tardieu*, Académicien.

Deux Morceaux gravez, faiſant la continuation de l'Hiſtoire de Conſtantin, d'après les Eſquiſſes de *Rubens*. Du Cabinet de M. le Duc d'Orleans.

Le premier repréſente la Bataille de Conſtantin contre Maxence.

Le ſecond, la défaite de Maxence, & ſa chûte dans le Tibre.

Par M. *de Larmeſſin*.

Les 4 Saiſons, d'après M. *Lancret*, & ſon dernier Ouvrage.

Le Portrait gravé de M. l'Abbé de Clairvaulx, peint par Mademoiſelle Loir.

Par M. *Surugue*.

3. Morceaux gravez.

La Folie pare la Décrépitude des agrémens de la Jeuneſſe. D'après le Tableau peint au paſtel, par M. *Coypel*.

Le deſir de plaire, repréſenté par une Dame à ſa Toilette, habillée par ſes Femmes de Chambre. D'après le Tableau de M. *Pater*.

Le plaiſir de l'Eté, repréſenté par une Dame prenant le Bain dans ſa maiſon, & ſervie par ſes Femmes. D'après le même.

Par M. *Moyreau*.

5. Morceaux gravez.

L'Embrafement du Moulin.

La défaite des Sarrazins.

Les Chaffeurs fortans de la Forêt. D'après *Wouvermens*.

L'Age viril.

La Vieilleffe. D'après M. *Raoux*.

Par M. *Daullé*.

Le Portrait gravé de Claudius de S. Simon, *Epifcopus Princeps Metensis, Par Franciæ, S. R. J. Princeps*. D'après M. *Rigaud*.

Par M. *Le Bas*, Graveur du Cabinet du Roy.

9. Morceaux gravez.

Le Siffleur de Linottes.

Le Gagne-petit.

La Ferme.

La Baffe-cour.

La Guinguette Flamande.

La Pêche.

La Vente de la Pêche. Le tout d'après *David Tenier*.

La premiere & feconde vûë de Beauvais, d'après M. *Boucher*.

OUVRAGES DE MESSIEURS
les Agreez de l'Académie.

Par M. *Francin.*

163. Une Statuë en plâtre de la proportion de 5 pieds, repréſentant Ganimède. Pour le Roy.

Par M. *de la Tour.*
Pluſieurs Portraits au Paſtel.

164. Le ROY.

165. Le Dauphin.

166. M. Orry Miniſtre d'Etat, Contrôleur General; peint en grand.

167. M. *** (1), Amy de l'Auteur, auſſi en grand.

168. Pluſieurs autres Portraits, ſous le même Numero.

Par M. *Cochin, le fils.*

169. Un grand Deſſein ſous Glace, à la mine de plomb, repréſentant la Céremonie de l'Audience accordée par le Roy à l'Ambaſſadeur Turc.

Par M. *Surugue, le fils.*
Deux Morceaux gravez.

La France rend grâces au Ciel de la guériſon du

---

1. Une note manuscrite de la main d'Antoine Duchesne, prévôt des Bâtiments du Roi, tracée en marge de son exemplaire, nous apprend que cet ami de La Tour s'appelait M. Duval, et que ce portrait était « le » roy des portraits de La Tour. »

Roy; préfenté à la Reine par l'Auteur. D'après M. *Coypel*.

Les tours de Cartes, repréfentez par un jeune Homme, qui en fait devant des Enfans. D'après M. *Chardin*.

Par M. *Tardieu, le fils*.

Six Morceaux gravez.

Un Sujet allegorique, repréfentant l'Eloquence. D'après M. *de la Jouë*.

Une Vignette des Armes du Roy, avec des Anges pour fupports. D'après le Deffein de M. *Boucher*.

4. Portraits, fçavoir :

Celui du Préfident Jeannin Miniftre d'Etat, fous Henri IV.

Celuy du Maréchal Dubourg. D'après M. *de Lyen*.

Celui de M. Belle Peintre du Roy. D'après le Tableau peint par lui-même.

Celui de M. Tardieu le pere, Graveur du Roy. D'après M. *Van-Loo, l'aîné*.

Par M. *Falconnet*.

170. Un Modéle en plâtre, repréfentant Milon de Cortone, devoré par un Lion.

171. Une Efquiffe en terre cuite, repréfentant le Génie de la Sculpture, appuyé fur le Torfe antique, tenant un Cizeau, & propofant pour objet principal de cet Art, ce Monument, comme la plus parfaite imitation de la Nature, à laquelle on n'arrive que par la pratique, qui eft défignée par le Cizeau.

L'Invention, autre partie effentielle, est repréfentée

par la Tête de Minerve, qui eft auffi l'Emblême du Choix & de la Diftribution.

Et comme la connoiffance de l'Hiftoire & des Mathématiques, fait encore partie de cet Art, fon Génie s'affure auffi fur des Livres de l'une & de l'autre efpece.

Le tout rédigé & mis en ordre par les foins de J. B. REYDELLET, Receveur & Concierge de l'Académie.

ADDITION.

Par M. *Boucher*, Profeffeur.

172. Un Tableau chantourné, repréfentant un fujet Paftoral.

173. Une Efquiffe à gouaffe, repréfentant Venus fur les Eaux.

174. Plufieurs Deffeins fous le même Numero.

Un Tableau en largeur d'environ 10 pieds, repréfentant l'une des 4 Saifons. Ce Morceau a été peint fur plâtre dans une des voûtes de Choify, par feu M. *Antoine Coypel*, à l'âge de 20 ans, & depuis premier Peintre du Roy. Ledit Morceau a été enlevé, & mis fur Toile, par le fieur Picaut, qui en a le fecret.

Nogent-le-Rotrou, Imprimerie de A. Gouverneur.

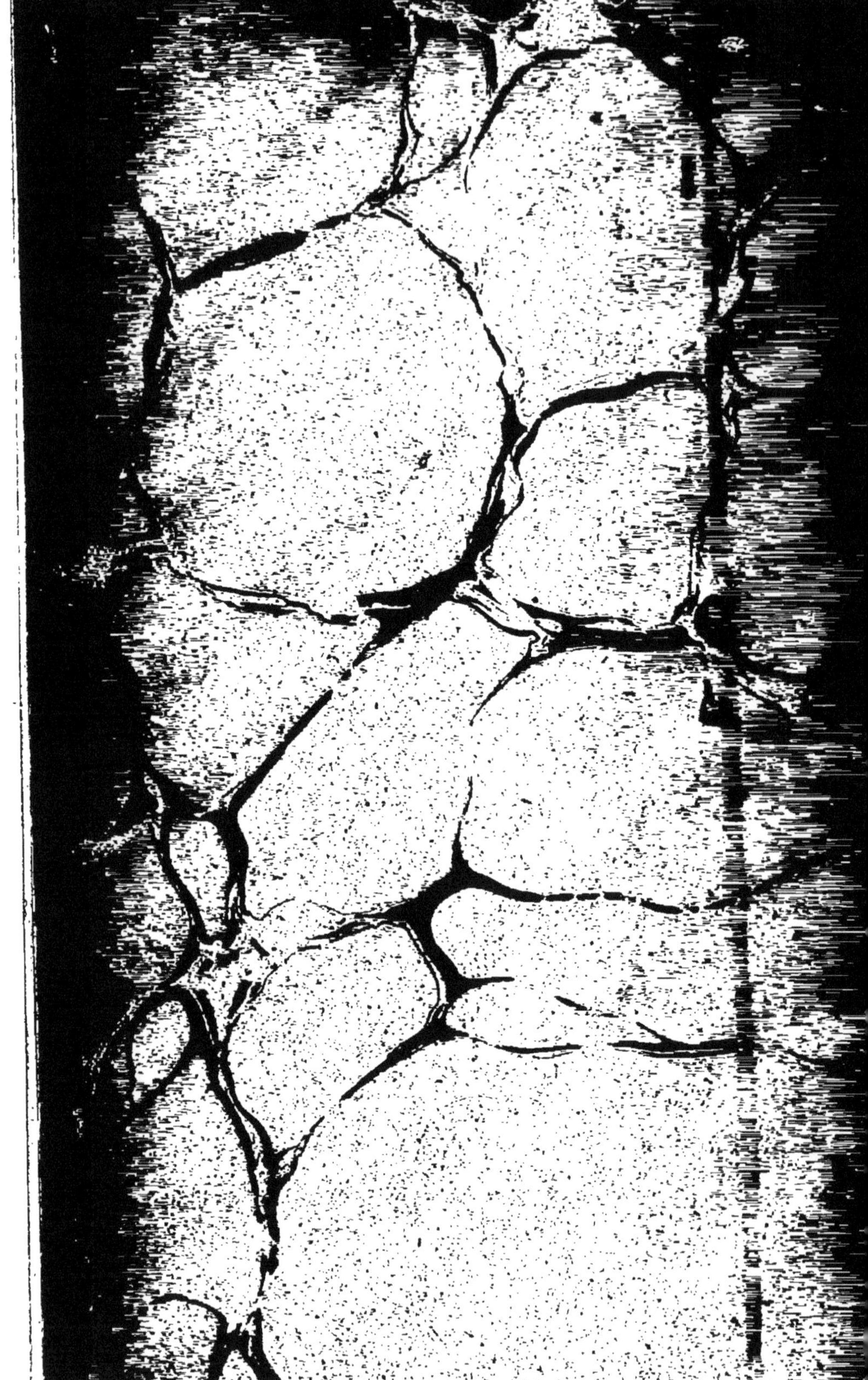

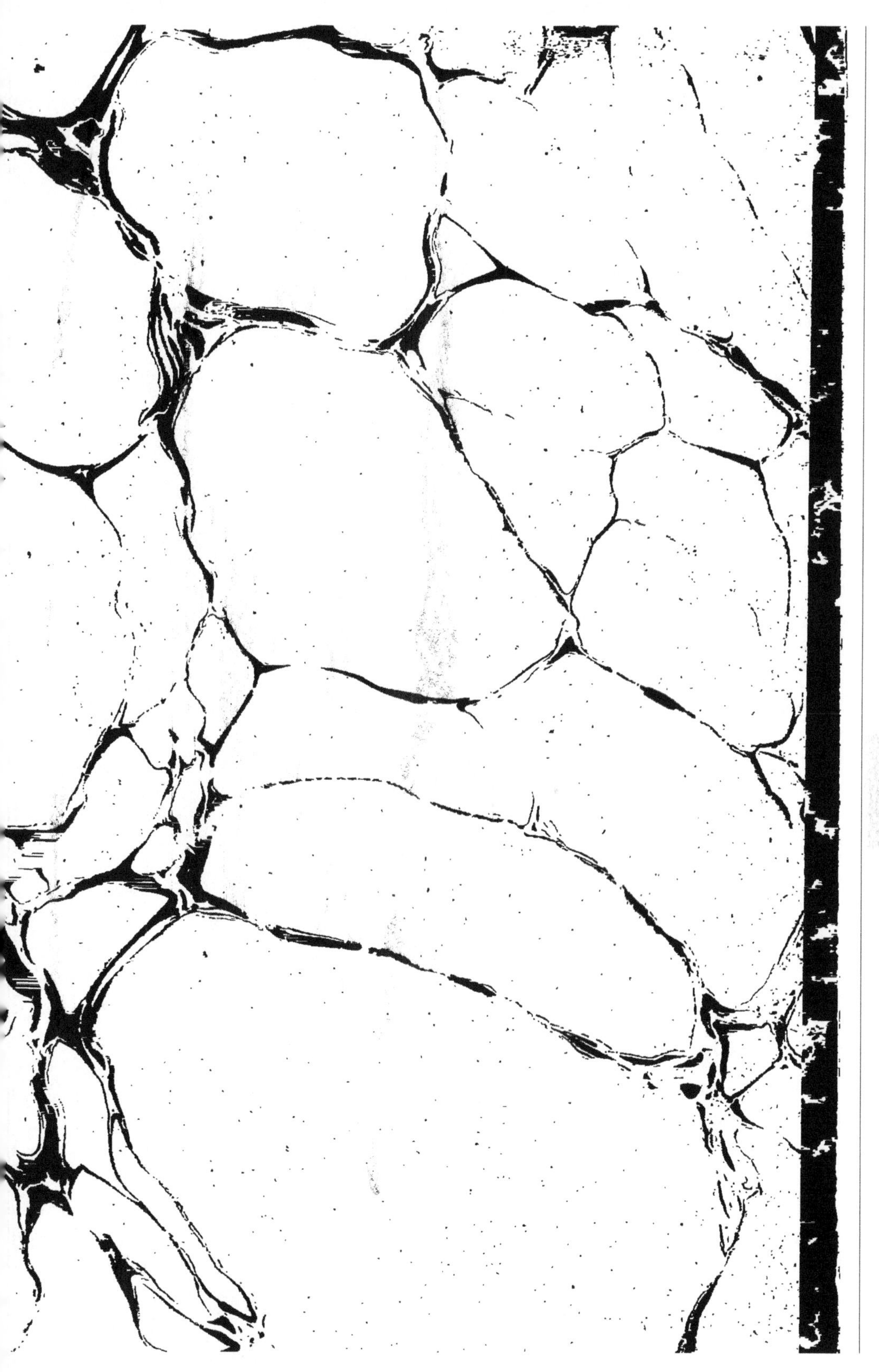

BIBLIOTHEQUE NATIONALE DE FRANCE
3 7531 00964747 1

www.ingramcontent.com/pod-product-compliance
Ingram Content Group UK Ltd.
Pitfield, Milton Keynes, MK11 3LW, UK
UKHW020955120726
13693UKWH00004B/1706